GILLES,
GARÇON PEINTRE,
Z'AMOUREUX-T-ET RIVAL.

PARADE,

Repréſentée pour la premiere fois ſur le Théâtre de la Foire S. Germain, le 2 Mars 1758.

Non plauſus ſed riſus.

Le prix eſt de 24 ſols avec la Muſique.

A PARIS,
Chez N. B. DUCHESNE, Libraire, ruë S. Jacques, au-deſſous de la Fontaine S. Benoît, au Temple du Goût.

M. DCC. LVIII.
Avec Approbation & Privilége du Roi.

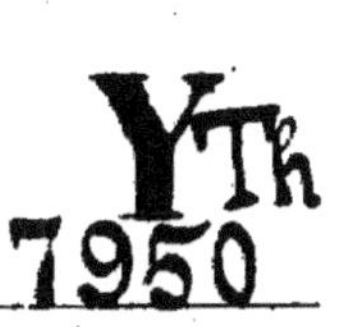

EPITRE A EGERIE.

O Toi que mon ame a choisie.
Toi dont l'esprit, les mœurs, les graces, l'enjouement
M'ont appris qu'il est dans la vie
Un plaisir né du sentiment,
Des penchans qui flattoient ma jeunesse volage;
Tu m'as montré le dangereux attrait,
Je sçais qu'il n'est pour l'homme aucun bonheur parfait;
Mais je sens qu'à tes pieds j'en trouve au moins l'image.
Pourrois-tu refuser l'hommage
De ce frivole écrit que je t'offre en tremblant?
Hélas! de mon esprit ce vil libertinage,
A tes regards peut être avilit mon talent;
Mais que veux-tu, pardonne un instant de folie,
Le plus sage souvent a besoin d'une erreur,
Je cherchois à charmer cette melancolie
Qui fut loin de tes yeux l'aliment de mon cœur.
Tu rougiras pour moi, ton ame noble & fiere

Voudroit que justement admiré des François,
Ton immortel amant vole dans la carriere
Et prétende aux plus grands succès.
Ah! ma chere EGERIE, *épargne ma foiblesse.*
Sans embarras, sans desirs, sans ennuis,
Je coule en paix des jours filés par la paresse,
Dont ton amour seul fait le prix.
D'un Public dangereux, difficile, volage,
Quiconque ose briguer l'incertaine faveur,
Doit opposer aux vents l'orgueil de son courage.
En bute aux traits du fourbe & du faux connoisseur,
Sans doute il a besoin pour affronter l'orage,
Ou du plus grand génie, ou du plus grand bonheur.
J'y prétendrois en vain; d'ailleurs, chere EGERIE,
Au méprisable éclat d'une vaine saillie,
Je vois chaque François applaudir à son tour,
Et l'Apôtre de la Folie
Est ici le héros du jour.
Flattons son goût, cedons à sa manie,
Un an d'honneur vaut-il une heure de plaisir?
Osons-nous faire une Philosophie,
Et cherchons des succès dont nous puissions jouir.
On renonce aisément au temple de mémoire.
Quand on commence à connoître son cœur.
A quatorze ans j'aimois la gloire,
A vingt ans j'aimai le bonheur.
Convenons en, qu'importe, à l'aîné des Corneilles

Si l'Europe en ſilence admire ſes ſuccès ?
Nous jouiſſons du fruit de ſes pénibles veilles,
Peut-il jouir de nos regrets ?
Dans la nuit du tombeau, ſa grande ame endormie
S'éveille t-elle au bruit de nos clameurs ?
Va, l'amour de la gloire eſt l'ivreſſe des cœurs,
Et l'amour du plaiſir, la raiſon de la vie.
Jouiſſons-en, belle EGERIE,
Saiſiſſons ce moment qui ſe perdroit en vain ;
Que ſerai-je demain, ſi demain je m'éveille ?
Mon être, mes deſirs, en moi rien n'eſt certain.
C'eſt la digeſtion de la veille
Qui fait l'eſprit du lendemain.

POINSINET le jeune.

ACTEURS.

CASSANDRE, *Peintre*,	M. BOURET.
GILLES, *son Garçon*,	M. LA RUETTE.
ISABELLE,	Mlle. ROSALINE.
COLOMBINE,	Mlle. DESCHAMPS.

GILLES, GARÇON PEINTRE ;

PARADE.

Le Théâtre représente la boutique d'un Peintre d'Enseignes. On y voit de vieux Tableaux, des Enseignes de toutes les especes, & sur le devant un tonneau avec une pierre à broyer les couleurs.

SCENE PREMIERE.

GILLES *seul, broyant des couleurs.*

Air : *Quand on a bu la tête tourne.* N°. 1.

QUAND on z'a bû la tête tourne, tourne,
Mais quand on aime, ah ! c'est ben pis,
Pour Isabelle l'esprit m'tourne, tourne,

L'ingrate amuſe le tapis :
D'vant ſa maiſon
J'vien, j'paſſe & je r'tourne,
J'en perds la raiſon ;
Mais ſi j'la tien,
Parguienne, j'vous la r'tourne
Si bien qu'il n'y manqu'ra rien.

Oh ! pour ſûr ſans doute c'eſt zun état ben pitoyable que d'être amoureux d'une grande paſſion au vis-à-vis d'une perſonne qui z'eſt plus ingrate qu'un caillou.

ARIETTE. N°. 1.

Mon petit bijou
C'eſt mon Iſabelle,
Ah ! que j'en ſuis fou ;
Mais cette cruelle
    M'enſorcele :
    La mutine
    Me lutine,
Toujours elle rit,
J'li rempli ſa poche,
J'li tourne ſa broche
Rien ne l'attendrit,
La nuit je grelote
Tout ſeul dans mon lit,
Et quand je ſanglote,
La friponne rit.

SCENE II.

CASSANDRE, GILLES.

CASSANDRE *avec son Jerôme.*

COURAGE, courage, Gilles, je te vois dans une allegresse qui m'porte au cœur la gaieté d'la plus grande joie que j'aie jamais eue.

GILLES.

Queux sistême de bêtise Monsieur le bonhomme Cassandre ! faut être ben mal appris pour me trouver d'la gaieté, moi qui suis tout imbibé dans l'affliction d'ma tristesse.

CASSANDRE.

Comment ! z'aurais-tu cassé la tirelire où que tu mets ton argent.

GILLES.

C'est ben plus dangereux qu'ça ; j'suis tamoureux comme un dogue, Monsieur Cassandre.

CASSANDRE.

T'es amoureux, & qui t'a coulé dans c'prejudice là, mon zami.

GILLES.

ARIETTE.

Je revenois du cabaret
Tout en chantant ma chanſonnette,
Et je rentrais chez nous tout drait
Quand je trouvis une brunette
Petits yeux ronds,
Jolis petons,
Petits yeux ronds
Qui vous diſons
Mieux que la bouche.
Eh ! quoi ! vous héſitez,
Près de moi vous reſtez
Comme une ſouche.
Non, non, je n'ai point de rigueur,
Venez à moi, venez mon cœur,
Un diſcours modeſte
A toujours ſon prix.
J'voulais fuir, mais zeſte
Voilà Gilles pris.

CASSANDRE.

Tien, il y a du remede; il faut t'mettre z'un peu d'poudre ſans qu'ça paraiſſe, avec du linge tout blanc d'la veille puis aller voir ta Maitreſſe, lui trouſſer z'un petit compliment.

GILLES.

Oh ! c'n'eſt pas l'embarras.

CASSANDRE.

N'faut pas qu'l'amour fait z'une fuiection d'chagrin pour z'un cavalier d'efprit, fais comme moi.

ARIETTE.

Toujours chantant,
Toujours content,
Je ris fans ceffe,
Et je fais bien,
Je fais très bien.
Va, la triftefle
Ne mene à rien.
Dans ma jeuneffe,
Près de ma maitreffe,
Comme un bon luron
J'étois vif & drôle,
J'li mordois l'épaule,
J'li pinçois l'menton,
Ah ! que j'étois drôle
Auprès d'un tendron.

GILLES.

C'eft bon, j'mordrai, j'pincerai.

CASSANDRE.

V'là qu'eft affez parlé d'ces fottifes-là; r'venons-t-à not affaire d'l'importance la plus principale; as-tu bien broyé des couleurs pour à l'occafion de ç't'enfeigne que j'dois peinturer fur l'devant d'la boutique de ç'te fruitiere harangere en détail.

GILLES.

Diantre, feu notre maître, un morceau d'vot' façon f'ra l'admiration des Quinze-vingts.

CASSANDRE.

C'eſt ſa mere, vois tu, qui veut mettre la figure de ſa fille en étalage, afin d'attirer l'chaland.

GILLES.

C'eſt mauvais ſigne ; car comme dit ç'grand Philoſophe, un bon cabaret n'a pas beſoin d'bouchon.

CASSANDRE.

Tais-toi, c'eſt d'la bonne beſogné, j'ai bientôt ſoixante ans paſſés, & j'veux commencez à m'faire une réputation : c'eſt pourquoi :

ARIETTE. N°. 4.

Dans mon Enſeigne
Je veux qu'on peigne
Les plus beaux portraits,
Comment en chenilles
Nos jolis muguets
Courent par la ville
En cabriolets.
Loin de la bagarre
Le peuple fuira,
Quand l'un criera, gare,
L'autre écraſera.

Vient une charette :
Crac, tout est cassé,
Dans la boue on jette
Le chariot brisé.
Le galant murmure,
Le guet vient au bruit,
On se bat, on jure
Et chacun s'enfuit,
Oui, dans mon Enseigne, &c.

GILLES.

Fi, qu'ça s'ra beau.

CASSANDRE.

C'n'est pas l'tout, on z'y verra une boutique de fruitiere avec des choux de fleurs, des laitues promenées, des navets t'au sucre, & dans l'beau milieu une jeune fille qui....

GILLES.

Qui ç'te jeune fille?

CASSANDRE.

Qui....? Isabelle.

GILLES.

Isabelle! (*à part.*) ah! queux surprise d'indignation, ma chere z'Isabelle; faut cacher l'desespoir de ma douleur & ly parler tout doucement. (*haut.*) Que l'diable m'emporte & qu'la peste vous creve si vous n'sçavez pas qu'c'est moi qui roule sur toute la besogne de la maison.

CASSANDRE

Queux débordement d'insolence. Sçais-tu qu'les bonhommes Cassandre depuis cent ans de pere en fils n'ont jamais digeré d'sottises en farce.

GILLES.

C'est qu'ils avons toujours tourné l'dos.

CASSANDRE.

V'là-t-il pas z'un habile homme, témoin quand il z'a peint c'te marchande Lingere à l'enseigne de la Sagesse.

GILLES.

Et vous ç'fameux Traiteur à l'Etrille.

CASSANDRE.

Et toi zun marchand d'vin à la Bonne foi.

GILLES.

Et vous zun Apoticaire aux Deux visages.

CASSANDRE.

Et toi z'une Sage femme aux trois Pucelles.

GILLES.

Et vous.

DUO.

CASSANDRE.	GILLES.
Ah ! c'en est trop,	
Fras-tu silence ?	Quoi, vieux magot.
Queux insolence !	
Tu te tairas.	Non pas, non pas,

Tais-toi, croi-moi,
J'ſuis t'en colere ;
De ce bâton,
De ce bâton,
C'eſt z'avoir trop d'audace.
à part.
J'penſe qu'il a peur :
Comment, zon m'injurie,
Attend, attend,
Pan, pan, pan, pan.
Il le bat.

Nenni ma foi,
Que veux-tu faire ?
Oſe-le donc,
Vieux rogaton.
Quand tu fras la grimace.
à part.
Il eſt blanc de paleur.

V'là qui m'met zen furie,
Me frapper moi préſent !
Il le barbouille avec un gros pinceau.

Comment, comment, za moi !
Comment, za moi !
Attend, voleur.

Tien, tien, voila pour toi.
Voila pour toi,
Vieux radoteur.

Ils ſe battent.

Pan, pan,
Es-tu content ?

Pan, pan,
Es-tu content ?

La perruque de Caſſandre & le chapeau de Gilles tombent.

SCENE III.

CASSANDRE, GILLES, COLOMBINE.

COLOMBINE *avec un balai.*

COMMENT, qu'eſt-ce que c'eſt qu'çà, queux bruit d'tintamarre.

CASSANDRE.

C'eſt ç'coquin d'Gilles qui zeſt toujours dans l'habitude de manquer d'reſpect.

COLOMBINE *bat Cassandre.*

A ſon maître, ah ! le coquin, il za tort.

GILLES.

Eh ! ben oui, v'là qu'eſt ben juſticieuſement jugé ; quand il z'aura eu l'impoliteſſe de m'faire parler par ſa canne, n'faudroit-il pas que j'li baiſe les pas d'ſes genoux ?

COLOMBINE *bat Gilles.*

Eſt-il véritable que ça ſoit poſſible : il ta battu, oh ! il za tort.

Air : *La Bergere.* N°. 2.

Mais quand on z'eſt gentilshomme
Nés natifs de bons marchands,
Convient-il de s'roſſer comme
Des bourgeois ou de p'tites gens.
Fi, pour vous j'en rougis preſque,
Ah ! queux honte, queux affront.

GILLES.

Mais quand zon s'bat pour le ſeſque,

COLOMBINE.

Ça fait z'une autre raiſon.

CASSANDRE *la mene à un coin du Théâtre.*

Ecoute un peu, Colombine, toi qui z'as la conception facile ; j'veux qu'tu prennes la cauſe de ma partie. Eſt-il juſtitieux que j'ſouffre d'un z'ignorant un agoniſſement d'injures.

COLOMBINE.

COLOMBINE.

Fi, ça z'eſt criant.

GILLES *la mene à l'autre.*

Air : *Ciel ! l'univers va-t-il donc ſe diſſoudre ?*

Moi, j'ſouffrirois qu'il peignît z'Iſabelle,
Que tête pour tête ils reſtent tous les deux !
Et moi, comme un ſot.... Non, Mamſelle
J'ſuis t'un amant trop courageux,
Et je m'appelle
Gil' le hargneux,
S'il en z'eſt amoureux.

COLOMBINE.

Queux trouble extrême !

GILLES.

C'eſt moi qu'on z'aime,
J'li deffends même
D'la voir avec ſes yeux.

COLOMBINE.

Comment, zamoureux ! qu'eſt-ce que ça ſignifie ?

CASSANDRE.

Rien, rien, j'ſuis l'maître, v'là tout ; j'ai déjà d'avance peinturé toutes les ombres du tableau.

GILLES.

Et moi, j'fuis l'garçon, j'frai la befogne des clairs.

CASSANDRE.

J'n'attends plus que la belle z'Ifabelle qui veut ben s'preter z'à la foummiffion d'être le modele.

COLOMBINE.

Ah! fpadille, manille, matador, v'là donc qui z'eft découvert, & vous avez la z'ardieffe d'l'infolence de m'proferer ces fottifes-là d'vant moi.

CASSANDRE.

Comment donc?

COLOMBINE.

M'prenez-vous pour une fille de cire une fois. J'fouffrirois t'ici un zautre modele, moi qui fuis ded'puis dix ans poffedée de ç't emploi là.

GILLES.

Oui, j'fuis témoin zauriculaire que not premier maître fe fervoit toujours d'fon vifage pour faire des portraits d'famille.

CASSANDRE

Allons, c'eft zavoir trop d'ambition

que d'vouloir que tout roule ici sur vous; m'faut z'un modele tout neuf.

COLOMBINE.

Mais vraiment, on vous l'fra faire.

ARIETTE.

Eh! quoi, la pauvre Colombine
Déplairoit zà Monsieur,
Vous me rendez toute chagrine,
Ah! c'est z'un grand malheur,
Ah! je ris de bon cœur.
Ma figure est connue
De tout notre quartier,
Suivez-moi dans la rue
Vous entendrez crier
Chit, chit, chit, chit:
L'aimable fille!
Qu'elle est gentille!
Chit, chit, chit, chit.
Je fuis ce bruit,
Mais un galant s'approche,
Tire un zœil de sa poche,
Et m'dit zavec respect:
Vien chez moi, ma petite,
Manger z'une carpe frite.
Je grille à ton aspect,
En fais-je la folie,
Non pas, Gilles, non pas;
Mais en fille polie
Je lui réponds tout bas:
Je n'le peux pas,
Ça n'se peut pas;
Ainsi ma bonne mine

Partout me fait honneur.
Cependant Colombine
Ne plait pas t'à Monsieur,
Ah ! c'est un grand malheur,
Ah ! je ris de bon cœur.

CASSANDRE.

Ne craignez rien, ma chere Colombine, je ne veux que dépeindre la figure de la belle z'Isabelle, & quand je l'aurai tirée zen peinture....

GILLES.

Et tirez, tirez plutôt vos chausses.

CASSANDRE.

Paix, j'entends la démarche d'une figure humaine ; c'est z'Isabelle, songez tous deux à lui faire bien des gracieusetés.

SCENE IV.

CASSANDRE, ISABELLE, COLOMBINE, GILLES.

ISABELLE *retroussée avec un parapluie.*

BON JOUR Monsieur l'bonhomme Cassandre ; ma mere m'envoye à vous pour m'achever de peindre. M. Gilles m'a déja z'ébauchée, c'est à vous, dit-elle, à m'y mettre la derniere main.

GILLES *à part.*

Ah ! l'infidelle !

ISABELLE.

Dam j'suis venue comm' ça pour n'pas gâter ma frisure.

CASSANDRE.

Ça fait ben voir vot inducation. *à part.* Qu'elle a l'air noble !

COLOMBINE, CASSANDRE.

Mais vois donc qu'elle a bon air !
Que cette coëffure en l'air
Fait un bon effet !

Colombine. Ah ! ah, vous avez bon air.
Cassandre. } *Gilles.* } Qu'elle est belle, qu'elle a bon air !
Bon air tout à fait.

ISABELLE.

Vous avez ben d'la bonté.

COLOMBINE.

Pardi v'la d'beaux ch'veux, ç't'emprunt-là vous a-t-il couté cher ?

ISABELLE.

Comment zon m'insulte chez vous, Monsieur Cassandre !

CASSANDRE.

Demeurez là zun inſtant, je vais leur parler ferme. Ecoute, ma chere zamie Colombine, tu ſçais que je t'ai toujours aimé, & je t'aimerai toujours juſqu'au dernier tombeau des jours de ma vie.

COLOMBINE.

Z'eſt-il ben vrai, cher perfide ?

CASSANDRE.

Oui, j'en fais l'ſerment l'plus affreux ſur les charmes de ta beauté. Que je ſois le dernier des parjures.

COLOMBINE.

Ah ! vous me r'aſſurez l'cœur.

GILLES.

Oui, oui, nage toujours & ne t'y fie pas.

CASSANDRE.

Gilles, tu zeſt un garçon de bon ſer voilà quatre ſols que je te donne pour aller te divertir avec Colombine pendant que je ferai mon ouvrage en peinture.

GILLES.

C'eſt parler comme un miracle ; grand

merci not' Maître. J'vous laisse faire l'original avec z'Isabelle, & moi j'tirerai les copies.

CASSANDRE.

Retirez vous tous deux zun moment; car z'Isabelle a trop de pudeur pour se faire peindre comme ça devant l'monde.

COLOMBINE.

Volontiers; viens-ça, Gilles.

GILLES.

Ah! ça, M. Cassandre, soyez ben sage.

COLOMBINE *bas à Gilles.*

Observons-les.

SCENE V.

CASSANDRE, ISABELLE.

CASSANDRE.

Nous en voilà débarassés.

Air : *Au moment que j'écoute.*

Mettez-vous à votre aise,
Faites comme chez vous.
Voulez-vous une chaise?

Ah ! qu'elle a les yeux doux !
Dans l'fond d'mon cœur, ma Belle,
Je ſens certain deſir.
Oui, je me ſens, chere Iſabelle,
Je me ſens rajeunir.

ISABELLE.

Oh ! dame, je n'ſçais pas répondre à ces choſes-là, parce qu'il n'faut pas qu'une zhonête fille diſe des douceurs à zun homme ; mais quand vous s'rez mon mari comm' l'veut ma ch'mere, j'ſrai vot' femme, & ça fra dix francs.

ARIETTE.

Ta cher z'Iſabelle
Pour toi ſeul vivra,
Te careſſera :
Quand la nuit près d'elle
Caſſandre ſera,
Sa bouche fidelle
Tout bas lui dira
Tarela, la, la.
Quelle douce ivreſſe !
Que ces moments ſont doux !
Vois-tu ma tendreſſe ?
Vien, mon cher zepoux.
Ainſi z'Iſabelle
Pour toi ſeul vivra, &c.

CASSANDRE *troublé.*

En vérité.... Ma chere zamie... C'eſt trop... Enfin.... J'ſuis dans une profuſion... que....

SCENE VI.

COLOMBINE, ISABELLE, CASSANDRE, GILLES.

COLOMBINE.

AH ! j'ti prends, v'là donc la belle récompense de m'estre zabuzée à vot service, qu'vous auriez déja dû m'épouser plus d'vingt fois !

CASSANDRE.

Coquine, si j'm'en croyois, je te. . . .

GILLES.

Et vous, Ingrate d'infidelle, malgré les serments qu'vous m'avez jettés à la tête, v'là que vous écoutés les adorations de mes Rivaux.

ISABELLE.

Comment ! qu'est-ce que ça signifie ? je n'vous connois pas, M. Gilles ?

GILLES.

Ah ! Zirhumaine, après ç'jour où q'nous

avons passé toute la nuit zà causer ensemble, l'un auprès d'l'autre.

COLOMBINE.

La belle raison ! n'sçais-tu pas qu'les Filles d'la façon de Mamselle ont toujours la mémoire courte ?

ISABELLE.

Queux impertinence ! v'là que j'suis t'obligée de rougir.

CASSANDRE.

Taisez-vous, serpens à langues de vipères.

GILLES.

Parguienne, feu not Maître, vous n'avez qu'à l'épouser, çà mettra la joie dans not maison, & nous aurons bonne compagnie.

ISABELLE.

Qu'est-ce à dire ?

COLOMBINE.

Il a raison, épouser z'une Mamselle comme vous, c'est z'entrer dans une grande famille, on z'a ben-tôt tous les voisins pour parents. Ah ! qu'vous s'rez t'heureux !

ISABELLE.

Comment ! Monsieur Cassandre, vous supportez çà ?

GILLES.

Bon, bon, sa Défunte lui en a bien fait supporter d'autres.

CASSANDRE.

Tiens, Gilles, quand tu voudras parler, commence par te taire.

COLOMBINE.

Vas, vas, laissons-le faire, il s'ra en bonnes mains.

ISABELLE.

Mais, mais, pour qui donc m'prend-on ? T'nez, M. Cassandre, j'vous l'dis tout doucement, si par mon inducation j'n'étois pas une Fille ben née, c'est que j'leux arracherois les deux yeux du visage.

COLOMBINE.

N'ty joue pas, si je me mets en train de te frotter....

CASSANDRE.

Si tu la bats, j'sçai ben ç'que j'frai; j'assommerai Gilles.

TOUS QUATRE ENSEMBLE.

CASSANDRE.

Tu sçais comme je rosse,
Cesse de m'insulter,
En Pere de famille
On me doit respecter.

Ce bras te rossera.

Quoi! tu la bats, coquine!
Attends-moi; maître sot,
Ce maître sot,
Tiens, tiens, courage,
Donnons des coups.
Ah! je suis écorché,
Hé, hé, hé, hé!
Je suis tout écorché,
Hé, hé!

ISABELLE.

Je suis honnête Fille,
On me doit respecter.
Comment! quand zon m'offense,
Je n'me vengerais pas!
Tiens, tiens, courage,
Donnons des coups.
Ha, ha, ha, ha!
V'là que j'ai l'œil poché,
Hé, hé!

COLOMBINE.

Mamſelle Caraboſſe.

Gille, écoute-les dire :
Qu'on les reſpecte, ah ! ah !

Quoi ! ces viſages-là,
On les reſpectera!

Ah' chienne, tu commences !
Tiens, tu me la payeras.

Tiens, tiens, j'enrage,
Etrillons-nous :

Il vous en ſouviendra,
Ha, ha !
Il vous en ſouviendra.

GILLES.

Tu te feras frotter.

Ma foi, j'en meurs de rire,
Quoi ! ces viſages-là,
On les reſpectera !

Arrête, Colombine,
J'équipe ce magot,
Ce vieux magot.
Tiens, tiens, j'enrage,
Etrillons-nous.

Ha, ha, ha, ha !

Il vous en ſouviendra,
Ha, ha !
Ma foi, laiſſons-les là.

CASSANDRE.

Ah! par la vertu de ma barbe est-il d'la prudence inhumaine de battre zune honnête Fille, dont on ne sçait pas en quel état elle peut z'estre. Sortez d'ici tout à l'heure, & n'y remettez jamais les pieds de votre vie, tant que vous serez au monde.

COLOMBINE.

Pardi, j'nous passerons ben d'vot condition, j'suis t'assez riche, j'm'en vais ramasser la succession d'un d'mes parents qui a fait banqueroute; il vient d'm'écrire qu'il étoit mort. Adieu, vieux Roupilleux.

GILLES.

Adieu, vieux Zigzag.

CASSANDRE.

Vas-t'en, vas-t'en : ma chere z'Isabelle, vous m'voyez dans le plus grand transportement de fureur où que puisse réduire la colere.

ISABELLE.

Et vous croyez que j'resterai dans ç'domicile de maison-ci, pour m'entendre dire z'une région d'injures, à bouche que veux-tu, moi qui z'ai la pudeur d'une composition si douce! Ah! jour de Dieu, si mon cousin le Grenadier n'était pas t'à la Campagne de l'Armée....

CASSANDRE.

Il z'est vrai qu'ils m'ont battu. Mais il faut ben souffrir quelques petites vivacités de la part de nôs Domestiques.

ISABELLE.

Non, c'est inutile, j'suis dans un saisissement.

ARIETTE.

V'là que j'tombe en fayance,
Je perds la couleur;
Queux tourment de souffrance!
Ah! mon cher Monsieur,
Soulagez mon cœur,
Venez de grace,
Quel embarras!
Q'u'on me délasse,
Hélas! hélas!
V'là que j'tombe en fayance, &c.

CASSANDRE.

C'est vrai, v'là z'Isabelle qui s'pâme. Ah! queux état! Ah! Ciel, Terre, Mer,

Air, s'il faut que vous en mouriez jusqu'au dernier soupir, ma chere z'Isabelle, j'tuerai Gilles, j'assommerai Colombine, je m'étranglerai moi-même, & puis j'm'en irai demander vengeance au Commissaire.

ISABELLE.

Vous parlez comme z'une Tragédie, il vaudrait ben mieux m'donner du secours.

CASSANDRE.

C'est vrai, j'vois ben qu'il faut qu'j'en cherche.

SCENE VII.

GILLES, ISABELLE.

GILLES.

ET moi, j'en donne. Ah ! z'Ingrate !

ISABELLE.

Ah ! coquin !

GILLES.

Infidelle !

ISABELLE.

ISABELLE.

Scélérat, tu te joins à Colombine contre moi!

GILLES.

Vous épousez Cassandre en vrai mariage!

ISABELLE.

Il faut que j'obéisse aux volontés des ordres de ma Mere.

GILLES.

Oh! si je n'craignois pas d'mourir, j'prendrois mon couteau, & je m'en donnerois cent coups de plat d'épée zau travers du corps.

DUO.

GILLES.	ISABELLE.
Barbare, Ingrate, Cruelle, Envain je grille pour toi, As-tu pû m'être infidéle? As-tu pû trahir ta foi?	Si tu perds ton Isabelle, Cher z'Amant, c'est malgré moi. Oui, je te suis infidelle Et tu sens que je le dois.

Comme un parpillon volage,
Qui vole à travers les choux,
V'là qu'un z'autre Amant t'engage,
J'méritois un sort plus doux.

Barbare, Ingrate, Cruelle, &c.	Tout d'même qu'une fontaine Qui murmure & coule à grand bruit, Près de l'Objet qui m'enchaîne, Loin de toi, j'pleur'rai jour & nuit.
Barbare, Ingrate, Cruelle, As tu pû trahir ta foi?	Si tu perds ton Isabelle, Ah! tu sens que je le dois.

ISABELLE.

Ma Mere ne veut m'donner qu'à z'un Mari qui s'pousse dans l'monde.

GILLES.

Eh ! ben, je m'pouss'rai : par exemple, je m'frai Laquais chez la bonne Amie de queuque Financier.

ISABELLE.

Non pas, j'veux qu'il z'ait pigeon sur rue.

GILLES.

J'aurai tout ce qui faudra. J'en suis convenu avec Colombine, qui vous compt'ra tout ça, ma cher' z'Amie.

ISABELLE.

Si cela z'est, j'te rends ma foi, mais il faut encore menager ç'vieux Roguignard.

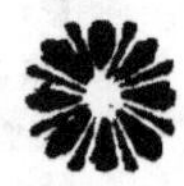

SCENE VIII.

CASSANDRE, ISABELLE, GILLES.

CASSANDRE.

V'Là que j'vous prépare z'une bonne carpe de bierre, & que j'vous apporte du vinaigre des vingt-quatre voleurs ; mais comment, que fais-tu là, coquin ? j'crois que tu fais des propositions à ma chere z'Isabelle ?

ISABELLE.

Me prenez-vous pour z'une Fille à rien supporter de disgracieux : allez, M. Gilles est zun bon garçon, qui veut zentrer dans mes intérêts.

GILLES.

L'Ingrat, tandis que j'lui pardonnois tous les coups de bâton que j'ai bien voulu lui donner.

CASSANDRE.

Allons, ne parlons plus d'ça, tu n'es donc pas fâché de voir avec plaisir que je me marie.

GILLES.

Parguienne, c'est tout gain pour moi ; vous f'rez la dépense de la maison, & moi la besogne.

CASSANDRE.

C'fripon-là za toujours des mots à double entente : emmenons Isabelle ; venez-ça prendre un peu l'air, ça vous f'ra du bien.

SCENE IX.

GILLES *seul.*

AH ! malheureux Gilles, v'là qu'il l'emmene.

Fatal zAmour, cruel Vainqueur,
Falloit-il se moquer de ma tendre zardeur ?

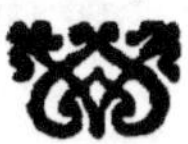

SCENE X.

COLOMBINE, GILLES.

COLOMBINE.

GILLES, es-tu tout ſeul?

GILLES.

Oui, nous ne ſommes que moi.

COLOMBINE.

Je viens de chanter pic pendre de not vieux Maître à Madame Iſabelle la mere; va, j'lai mis dans d'biaux draps.

GILLES.

Quel coup de génie, tout zira ben, j'viens de m'expatrier avec l'bon-homme Caſſandre, & je reſte ici.

COLOMBINE.

Oh! ne donne pas là-dedans, dès qu'il zaura contritraqué ſon Mariage, il z'eſt dans la diſſolution de te chaſſer.

GILLES.

Me chaſſer, quand il zépouſe une jolie femme ! ah ! ſatinom, quat & douze, ça me fait friſſonner tous les ch'veux d'la tête ; j'ai beaucoup d'reſpect pour lui ; mais j'lui donnerois vingt coups de pied dans l'ventre.

COLOMBINE.

Dam, fais pour le mieux.

GILLES.

Enfin ſuffit, j'ly ferai entendre de quel bois je me mouche.

ARIETTE.

Je ſuis t'en colere,
Ne m'approchez pas,
Ah ! tu me verras,
Tu me verras faire
Un joli fracas.
Que plutôt le tonnerre
Pleuve à foiſon ſur nous,
Que je ſois ſous la terre
Mangé des loups-garoux,
Enfin laiſſe faire,
Bientôt ſon affaire
Sera dans le ſac,
Tien, prends du tabac.

COLOMBINE.

Je te remercie.

GILLES.

C'est du bon tabac,
Je suis t'en furie,
J'm'en vas tout bruler,
Saccager, voler.
Si rien ne résiste;
Je serai vengé.
Atchit, atchit.

COLOMBINE.

Que le ciel t'assiste.

GILLES.

Ah ! ben obligé,
Je suis t'en colere,
Ne m'approchez pas.
Ah ! tu me verras,
Tu me verras faire
Un joli fracas.

Mais le v'là qui vient; pour plus de sureté faut commencer par ne l'y rien dire : cache-toi vîte derriere ce tableau.

SCENE X. & *derniere.*

CASSANDRE, ISABELLE, GILLES, COLOMBINE *cachée.*

CASSANDRE.

OUI, j'vous l'dis, j'leux montrerai zau doigt & zà l'œil que j'ſuis l'maître zune fois.

ISABELLE.

C'eſt quand vous êtes tout ſeul.

CASSANDRE.

Au ſurplus, nonobſtant; pour r'venir à not' affaire d'importance la plus principale; Gilles, puiſque te v'là, zaporte nous un peu le petit fricot que j'ons de y a trois jours, avec le reſte du ſoupé d'hier au ſoir. Vous, ma chere z'Iſabelle, eſſayons à vous mettre zun peu en zattitude.

PANTOMIME.

Gilles apporte une table ſans nappe avec une eſpece de collation, vole quelques morceaux du goûté, boit à même la bouteille, fait des grimaces à Caſſandre qui arrange Iſabelle comme pour la peindre, met ſes lunettes, les ôte, boit & chante.

ARIETTE.

N'es-tu pas ravie
Qu'il m'ait prit envie
De faire un tableau
Où je peins en beau
Ta tête, mignogne ?
Dis moi, dis, friponne,
Dès qu'on le verra,
Z'un chacun sçaura
Qu'Isabelle
Est belle,
Et l'on s'écriera :
Le joli modele
Que Cassandre a là !
Qu'elle est adorable !

Il m'semble que j'suis ben alteré zaujourd'hui ; donne-moi zà boire... (*Il boit à chaque exclamation*) ! La jolie bouche... ! Les beaux yeux... ! Les jolis bras... ! La belle tête... ! Qu'elle mange noblement !

ISABELLE.

Ça zest trop galant.

CASSANDRE.

Il peint.

Ah ! si j'pouvois peindre le son d'sa voix.

Air : *Robin turelure.*

Est-il de talent plus beau
Que celui de la peinture ?
Avec un bout de pinceau
Turelure,
On fait toute la nature,
Robin turelure, lure.

GILLES.

V'là son bonhomme d'esprit qui décampe.

ISABELLE.

S'rez-vous ben longtems, M. Cassandre?

CASSANDRE.

Oh ! n'craignez rien, n'pensez seulement qu'à vous t'nir tranquille, parce que pour peu qu'une personne grouille quand zon la peint, ça fait que l'Peintre dans sa peinture....

Turelure, lure, & flon, flon, flon,
Chacun a son ton son allure.

Je n'sais pas pourquoi qu'la main m'tremble come ça, si j'buvois encore un coup. (*Il prend la bouteille que Gilles a changée, & se verse de l'eau; il se retourne & voit Gilles qui boit à même celle où il y a du vin.*) Ah! coquin, j'te prends sur le fait, il faut que j't'assomme.

GILLES *se laisse battre tranquillement, & quand il a bû, il crie.*

C'n'est pas moi, hai, hai, hai.

COLOMBINE *pendant que Cassandre bat Gilles.*

J'ai ben des choses à te dire; ta mere consent que tu épouses Gilles, si l'vieux

Caſſandre veut ben ſe retirer lui & ſa parole : nous t'expliquerons ça.

GILLES.

Mettons vite le mannequin à ta place ; dépêchons.

On met le mannequin à la place d'Iſabelle.

CASSANDRE.

Ouf, je ſuis eſtropié, excuſez, chere zIſabelle, ce ſont de petits accidents qui zentretiennent la paix dans un ménage ; mais comme elle me regarde tendrement ! La v'là toute immobile dans l'admiration de me contempler. Oh ! je ne tiens plus au tranſportement de mon ardeur.

ARIETTE *en Echo.*

Oui, mon cher tendron j't'adore.

COLOMBINE.

J't'adore.

GILLES.

Zencore.

ISABELLE.

J't'adore.

CASSANDRE.

Je veux baiſer votre main, la.

COLOMBINE.

Oui dà

GILLES.

Mon cœur zeſt tout d'braiſe.

ISABELLE.

Baiſe, baiſe.

CASSANDRE.

Permettez-vous
Que je vous baise aussi les genoux ?

COLOMBINE.

Les genoux !

GILLES.

Les genoux.

ISABELLE.

Les genoux.

COLOMBINE.

A genoux.

Ah ! traitre, j'ti tiens.

CASSANDRE.

Que vois-je ! Colombine ! Isabelle ?

COLOMBINE.

Vois-tu ta promesse de mariage ?

ISABELLE.

Comment ! vous avez la zhardiesse de m'faire des propositions, tandis que vous signifiés des promesses à des Colombines.

COLOMBINE.

Il faut m'épouser tout à l'heure, ou j'te fais condamner aux galeres.

GILLES.

Il m'faut quinze francs pour dix ans de gages, ou j'te fais mettre au pilori.

CASSANDRE.

Ah ! j'suis ruiné.

ISABELLE.

J'm'en vas conter à ma chere mere que tu voulois me ſuborner, & je te ferai pendre.

CASSANDRE.

Ecoutez, il y a un moyen d'arranger l'affaire; puiſque Colombine a z'hérité, j'l'épouſe parce que j'l'aime, & je cede ma boutique & Iſabelle & Gilles pour ſes quinze francs de gages, ça fera que par la concordance de la choſe, vous s'rez tous d'accord, & que le diable vous emporte.

COLOMBINE.

V'là qu'eſt ben parlé.

GILLES.

J'ons eu l'avantage, & ça fait voir d'une façon ben renommée qu'la vieilleſſe doit toujours avoir un grand reſpect pour les jeunes gens.

QUATUOR.

A toi je m'engage,
Ça, marions nous:
Dans notre ménage
Nous ferons les foux,
Ça, marions nous.
Oh! la bonne choſe!
Nous ferons les foux,
Et ſi l'on en cauſe,
Et ſi l'on en gloſe,
D'un commun accord,
Rions-en d'abord.

N° 1.

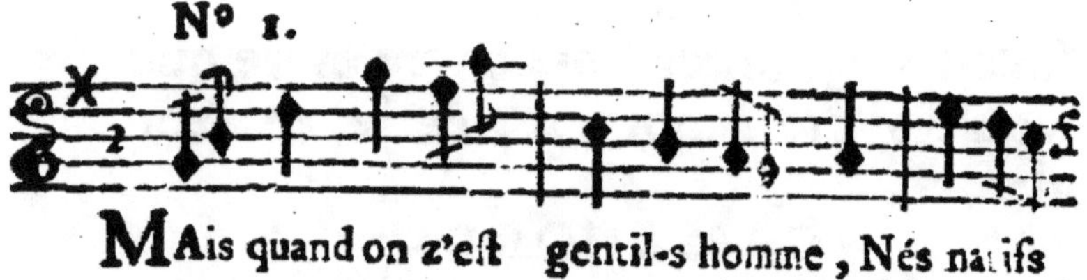
MAis quand on z'est gentil-s homme, Nés natifs

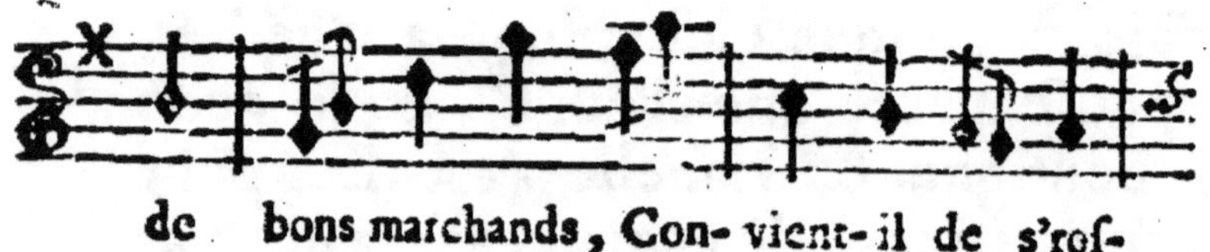
de bons marchands, Con- vient- il de s'rof-

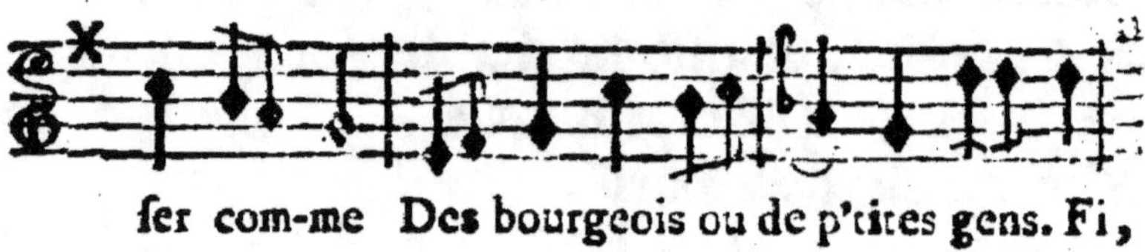
ser com-me Des bourgeois ou de p'tites gens. Fi,

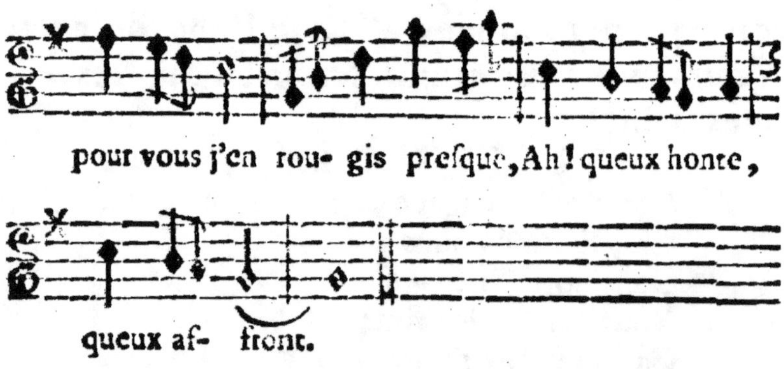
pour vous j'en rou- gis presque, Ah! queux honte,
queux af- front.

N° 2.

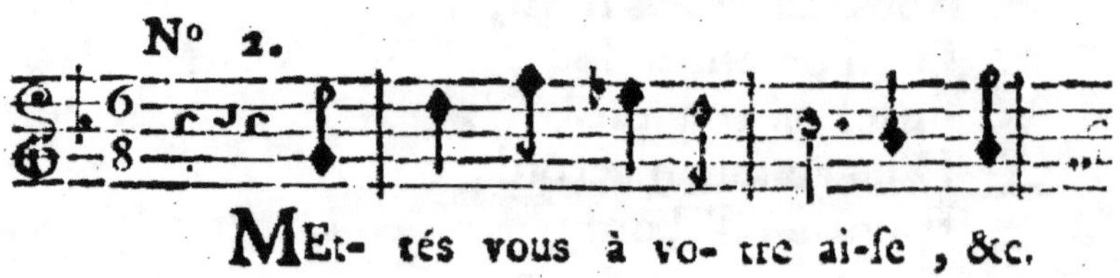
MEt- tés vous à vo- tre ai-se, &c.

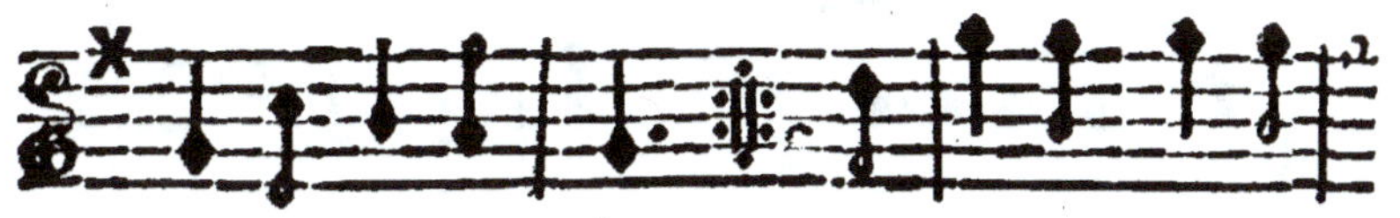

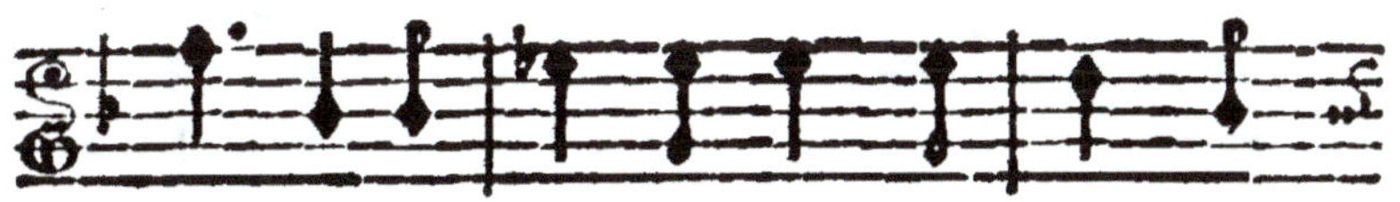

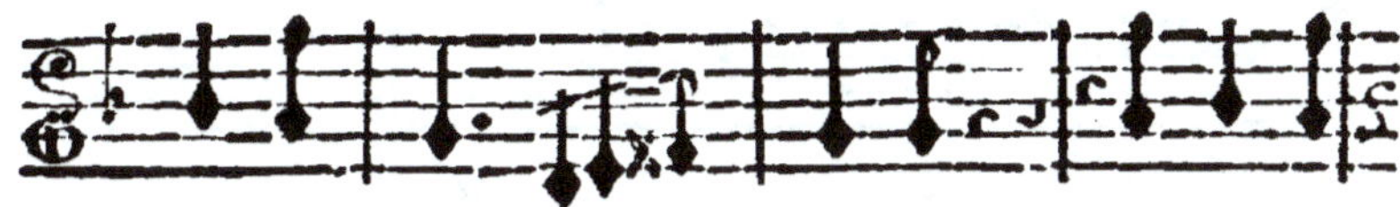

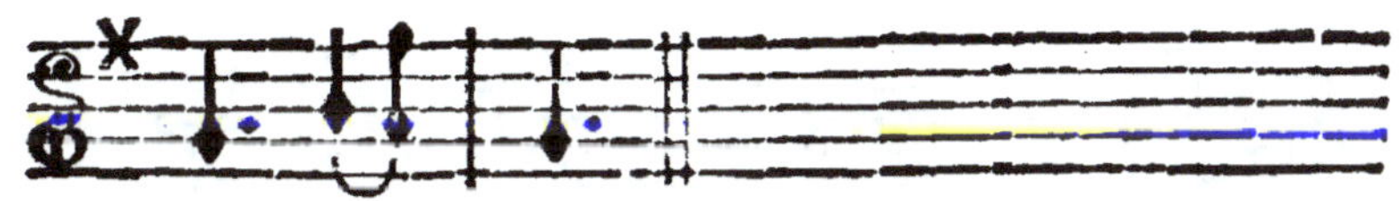

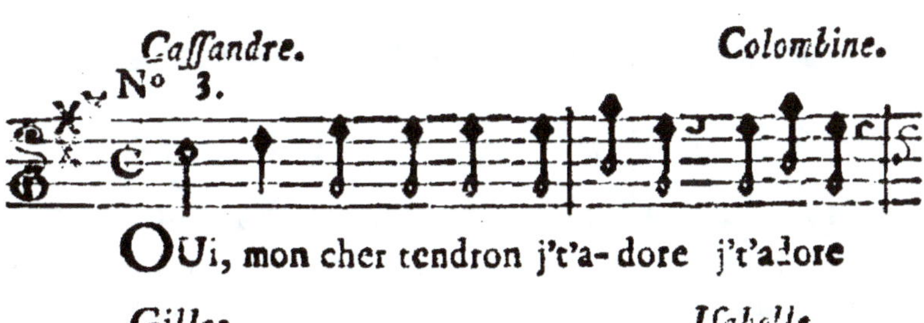
Caſſandre.
Colombine.
N° 3.
OUi, mon cher tendron j't'a- dore j't'adore

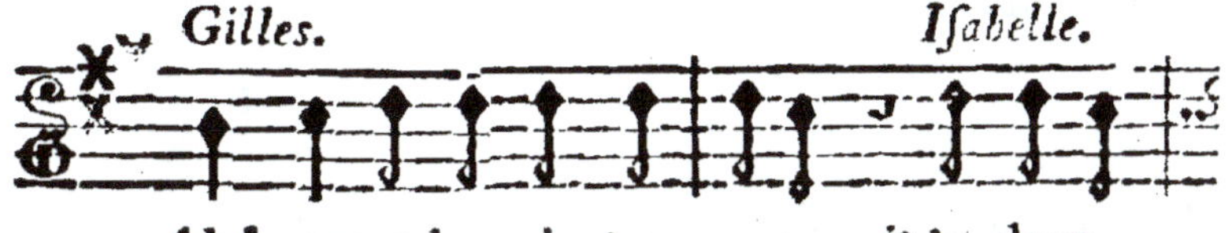
Gilles.
Iſabelle.
Ah! repete le moi z'en- core, j't'a- dore,

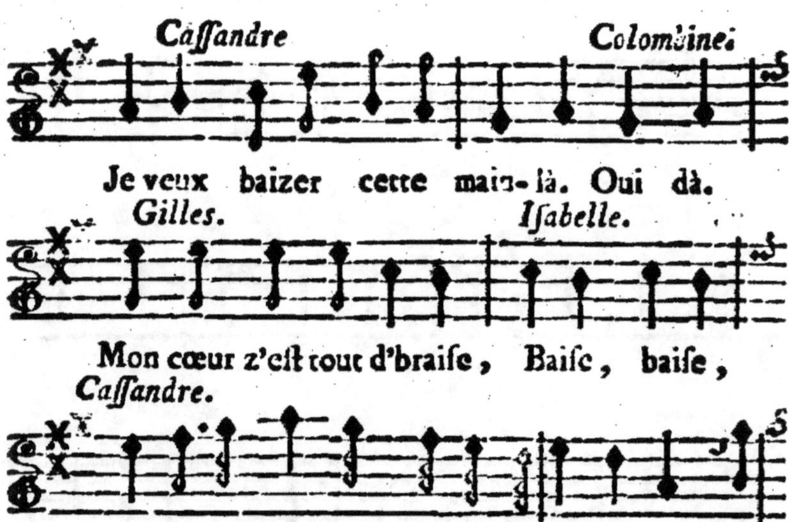

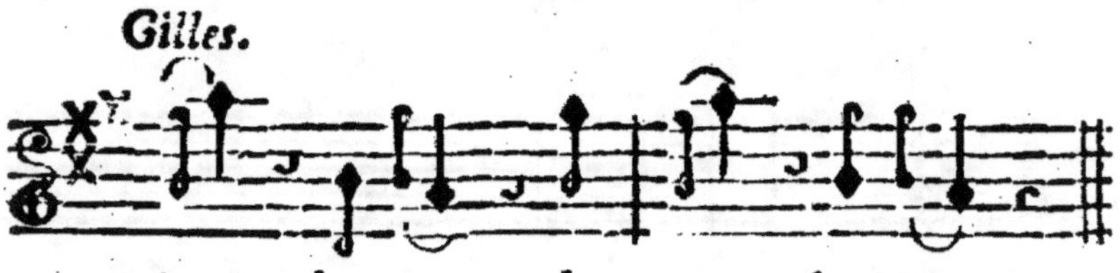

APPROBATION.

J'AI lû par ordre de Monseigneur le Chancelier, *Gilles Garçon &c.* & je crois que l'on peut en permettre l'impression & la représentation. A Paris ce 27 Février 1758.

CRÉBILLON.

Le Privilége & l'Enrégistrement se trouvent à la fin du Recueil des Piéces de Théâtre de l'Opera Comique.

www.ingramcontent.com/pod-product-compliance
Lightning Source LLC
La Vergne TN
LVHW020627110826
845149LV00004B/1072